AF581829

LISTE DES MEMBRES

DE LA SOCIÉTÉ

DES AMIS DES ARTS,

ÉTABLIE A NANCY,

POUR LES DÉPARTEMENTS DE L'EST.

EXPOSITION DE 1843.

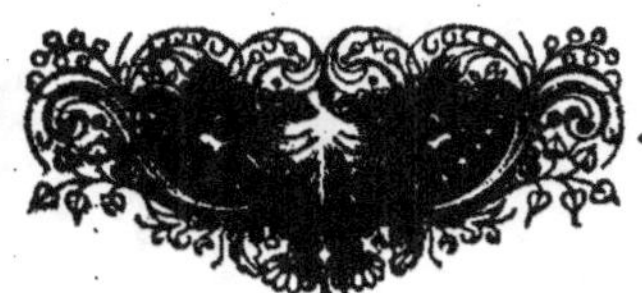

NANCY.

IMPRIMERIE DE HINZELIN ET Cᵉ, PLACE DU MARCHÉ, 67.

1843.

COMMISSION.

MM. **WAULTRIN**, *Président.*
GUIBAL Père, *Trésorier.*
MARX-PICARD Fils, *Secrétaire.*
De St-BEAUSSANT.
CHATELAIN.
Alexandre GENY.
De St-GERMAIN.
GUIBAL Fils.
LAURENT.
LE FORESTIER.
MOUROT.

LISTE DES MEMBRES

DE LA SOCIÉTÉ

DES AMIS DES ARTS,

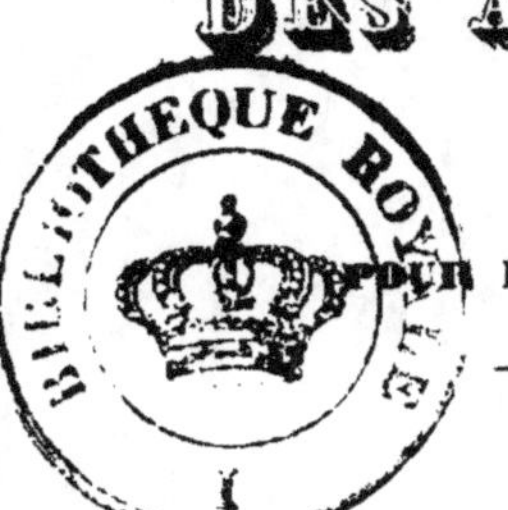
BIBLIOTHEQUE ROYALE

ÉTABLIE A NANCY

POUR LES DÉPARTEMENTS DE L'EST.

***Années* 1842-43.**

MM.

1. Nicolas **CÉSARD**.
2. **BUTTE** aîné, 1re action.
3. **BUTTE** aîné, 2e action.
4. Platel **CLARINVAL**.
5. **MOUROT**, Président de chambre à la cour royale.
6. **COSTÉ**, Président de chambre à la cour royale.
7. De **CAUMONT**, ancien Recteur de l'Académie de Nancy.
8. **LUCY**, Receveur général du département de la Moselle.
9. **WAULTRIN**, Conseiller à la cour royale, 1re action.
10. **GUIBAL** aîné, Propriétaire.
11. **GUIBAL**, Ingénieur des ponts et chaussées, 1re action.
12. De **SAINT-GERMAIN**.
13. **GUIBAL**, Juge de paix.
14. **ALNOT**, Conservateur du Musée.
15. **ARNOULT**, Professeur de musique.
16. Louis **DUROSELLE**.
17. Alexis **BUTTE**, 1re action.

1842

MM.

18. De LUXER, Président du tribunal de 1re instance.
19. DIDIER, à Delme.
20. Alexis BUTTE, 2e action.
21. BASTIEN, à Delme.
22. JEANNEQUIN.
23. BINGER, Notaire.
24. HINGLAISE, ancien Notaire.
25. FORET, Curé à Delme.
26. Le Général Baron VILLATTE.
27. Mme la Baronne VILLATTE.
28. CHATELAIN, Architecte du département de la Meurthe, 1re action.
29. PERROT, ancien Négociant.
30. PÈNE.
31. TRÉLIS, Professeur de dessin.
32. De FOBLANT.
33. CHATELAIN, Architecte, 2e action.
34. De ROQUEFEUIL.
35. CHARON fils, ancien Notaire.
36. NÉRET, Médecin.
37. VAULTRIN, Directeur de l'École primaire supérieure.
38. Ch. MANDEL.
39. Mlle de METZ-NOBLAT.
40. CUVIER, Ministre protestant à Paris.
41. VOLLANT, Avocat.
42. BLAISE fils, Notaire.
43. BÉCUS, ancien Notaire.
44. MICHEL, Notaire.
45. Eutrope de CRESSAC, Employé des postes.
46. PRÉVEL, Inspecteur des forêts à Dieuze.

MM.

47. Le Baron **ROLLAND DE MALLELOY**, Conseiller honoraire à la cour royale.
48. **COLLENOT**, ancien Directeur des postes.
49. **FEYEN**, Peintre.
50. **CHARDIN**, ancien Notaire.
51. **DOLARD DE MYON.**
52. Baron DE **VINCENT**, Sous-Préfet à Toul.
53. **ISABEY** père, Peintre à Paris.
54. **DROUET**, Directeur des contributions directes du département de la Meurthe.
55. DE **VANNOZ**, ancien Inspecteur des postes.
56. **BESVAL**, Notaire.
57. **DAUBRÉE**, Bijoutier.
58. GEORGES **CHEVANDIER**, 1re action.
59. Le Baron de **GELLENONCOURT.**
60. **MARCHAL DE MAUPAL**, 1re action.
61. Le Baron DU **PREL**, à Dieuze, 1re action.
62. Le Baron DU **PREL**, à Dieuze, 2e action.
63. DE **NETTANCOURT**, 1re action.
64. **MARX**, Ingénieur des ponts et chaussées.
65. **CASSE**, Professeur de dessin.
66. LOUIS **JULLIAC.**
67. AMÉDÉE **DE COMEAU.**
68. **LE FORESTIER**, Chef d'escadron de gendarmerie en retraite.
69. **THORELLE**, Peintre.
70. Mme la Baronne DU **MONTET.**
71. DE **METZ-NOBLAT** fils.
72. **FAVIER-GERVAIS**, 1re action.
73. Mlle de **BOUILLÉ.**
74. **CLAUDE**, Avoué à la cour.

MM.

75. **HOUDEVILLE**, Peintre à Bar.
76. Ch. **D'HAUSEN.**
77. Mme **D'HAUSEN.**
78. Mlle Emma **BALBATRE.**
79. Réné de **LANDRIAN.**
80. **BALBATRE** aîné.
81. **DROUOT**, ancien Pharmacien.
82. Le Général **DROUOT.**
83. **PERROT**, Notaire, 1re action.
84. **PERROT**, Notaire, 2e action.
85. Adrien **PAULLET.**
86. **FAVIER-GERVAIS**, 2e action.
87. De **NETTANCOURT**, 2e action.
88. **PITT**, Inspecteur de l'Académie.
89. Antoine **CHARDARD**, Marchand de fer.
90. Le Général **REGNAULT** de St-Jean **D'ANGELY.**
91. **SCHOULLER**, Chef de Bataillon en retraite.
92. **BLAISE** père, Conseiller de préfecture.
93. **DIDELOT**, Avoué à Toul.
94. De **SAINT-FLORENT**, à Vandœuvre.
95. Mme de **SAINT-FLORENT.**
96. **MUNIER**, Notaire à Pont-à-Mousson, 1re action.
97. **MUNIER**, Notaire à Pont-à-Mousson, 2e action.
98. Mme **LAURETTE.**
99. **MESLAR**, à Delme.
100. De **SUCY** d'**AUTEUIL.**
101. **BOUCHERON**, Sous-Inspecteur des forêts à Poligny.
102. **SIMONIN**, Pharmacien.
103. **BOURCIER** de **VILLERS.**
104. **MICHEL**, Ingénieur des ponts et chaussées.

MM.

105. **ROBINET**, Avocat à la cour.
106. Gérardin **HERMITE.**
107. **MÉLIN**, Conducteur des ponts et chaussées.
108. Mme **HENRY-OLRY.**
109. **MARCHAL** de **CHAMPAL**, 2e action.
110. **GUIBAL**, Ingénieur, 2e action.
111. De **SAINT-BEAUSSANT**, 1re action.
112. **DUPONT** aîné.
113. **GOUZOT.**
114. Mme Émilie **MICHEL.**
115. Mlle **ROUSSEL.**
116. Mme **NACQUARD**, à Toul.
117. Mme la Comtesse de **SOMMARIVA**, 1re action.
118. Mme la Comtesse de **SOMMARIVA**, 2e action.
119. Mme la Comtesse de **SOMMARIVA**, 3e action.
120. Charles **LEPÈRE.**
121. Auguste **BASTIEN**, à Delme.
122. De **SAINT-BEAUSSANT**, 2e action.
123. **PERNOT-DUBREUIL**, Adjoint au maire de Nancy.
124. Auguste **SAUCEROTTE**, à Lunéville.
125. **ZEILLER**, Ingénieur des ponts et chaussées.
126. De **METZ-NOBLAT**, Conseiller à la cour royale.
127. Mme de **BOSNER.**
128. **JACQUINÉ**, Ingénieur en chef des ponts et chaussées.
129. **NOEL**, Notaire honoraire.
130. **COLLIGNON**, Commissaire-Priseur.
131. De **LIGNÉVILLE**, à Villers.
132. Le Colonel **PERRIN**, à Barchain, 1re action.
133. **KELLERMANN**, à Neufchâteau.

MM.

134. Albert QUINTARD.
135. Jules MADELIN, Négociant.
136. ROUSSEL, Principal du collége de Lunéville.
137. MESNY, ancien Payeur général des armées, à Choloy, 1re action.
138. Louis HYRVOIX-FAVIER, Fabricant.
139. GAUDCHAUX-PICARD, ancien Négociant.
140. Alexandre GÉNY.
141. MASSON père.
142. Achille MASSON.
143. PIERSON, Conseiller à la cour royale.
144. Le Colonel PERRIN, 2e action.
145. FABVIER, Procureur du roi à Toul.
146. GAIFFE, Opticien.
147. FERRY, Avocat.
148. JOUEN, Proviseur du collége.
149. Lucien ARNAULT, Préfet de la Meurthe.
150. Mme ARNAULT.
151. MESNY, 2e action.
152. MESNY, 3e action.
153. Mme REVERCHON.
154. Mme WEHRLIN.
155. LEMOINE, Docteur en médecine.
156. MUNIER, Notaire, 3e action.
157. MUNIER, Notaire, 4e action.
158. MARMOD, à Pont-à-Mousson.
159. MAGIN-MARRENS, Recteur de l'académie de Nancy.
160. Isidore ROUYER, Notaire à St-Mihiel.
161. VIARD, à Pont-à-Mousson.
162. Joseph LÉVYLIER.

MM.

163. De SAINT-BEAUSSANT, 3e action.
164. GILLET, Substitut du procureur du roi.
165. Mme HARMAND.
166. Le Marquis de PANGE, Pair de France.
167. Prosper ROLLAND de MALLELOY.
168. COLLESSON, ancien Inspecteur des domaines.
169. GARNIER, Avocat général à la cour royale.
170. THOUVENEL, ancien Commissaire des poudres et salpêtres.
171. DUPLESSIS, Juge-Suppléant à St-Mihiel.
172. CABASSE, Avoué à la cour.
173. HUSNET, Notaire à Toul.
174. ESCALLIER, Caissier à la recette générale.
175. HUMBERT, Architecte.
176. Mlle GONET, Libraire.
177. CHEVANDIER, Pair de France, 1re action.
178. Mme de LADOUBARD.
179. PARADE, Directeur de l'École Forestière.
180. NICOLAS, Chef de bataillon en retraite à Toul.
181. KELLER, à Lunéville.
182. JORDY, Notaire, à Toul.
183. MESNY, 4e action.
184. De LUXER, Substitut du procureur du roi, à Lunéville.
185. WAGNER, Professeur au collége de Nancy.
186. GERMAIN, Banquier.
187. DROUVILLE, fils.
188. FRANÇOIS, Notaire.
189. BERT-MIQUE.
190. GUERRIER de DUMAST.
191. LIPPMANN père.

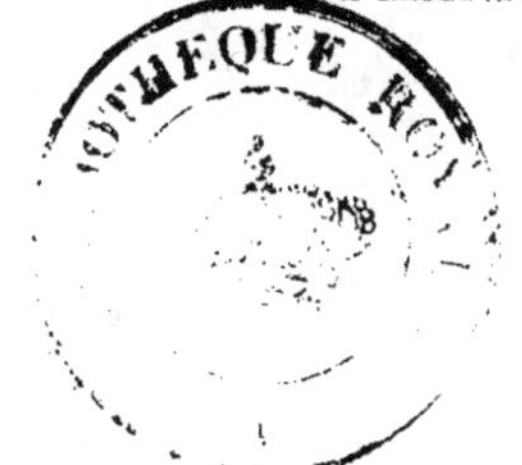

MM.

192. Mme COLIN Bouligny.
193. SIMONIN, Greffier du tribunal de 1re Instance.
194. TARDIEU aîné.
195. FRÉDÉRIC LALLEMAND DE LIAUCOURT.
196. MANDEL aîné.
197. Mme RAUCH.
198. DE VIDELANGE, Juge suppléant à St-Mihiel.
199. EMMANUEL PARNEY, à Dieuze.
200. VESCO, Colonel de Gendarmerie.
201. JAQUINÉ, Ingénieur des ponts et chaussées à Sarrebourg.
202. GRANDJEAN, à Mortaw.
203. DE FONTENELLE.
204. DE LAGABBE, Président du tribunal, à Neufchâteau.
205. JULES GOUY.
206. Le Marquis de NARP, Sous-Intendant militaire.
207. CHARLES RAUCH, peintre à Paris, 1re action.
208. CHARLES RAUCH, peintre à Paris, 2e action.
209. DE VILMOTTE.
210. BAILLY.
211. CHEVANDIER, Pair de France, 2e action.
212. DÉBUISSON, Architecte.
213. MAMELET, Avocat.
214. THOMAS, Avoué.
215. LOUIS, Avocat.
216. WAULTRIN, Conseiller, 2e action.
217. DE MARNESIA.
218. SALMON, Procureur du roi, à St-Mihiel.
219. ROBERT-RESNEL.
220. LORENTZ.

MM.

221. **JEANNEQUIN**, ancien Notaire à Lunéville.
222. Paul **LAURENT**, Professeur àl'École Forestière.
223. **PLASSIARD.**
224. **FOUILHOUZE**, à St.-Dié.
225. **GUÉRARD**, Peintre à Paris.
226. **TISSERAND**, ancien Greffier.
227. De **PIXERÉCOURT.**
228. **JULLIEN**, Conseiller à la cour royale.
229. Le Baron **DAURIER.**
230. **CHAUVET**, Conservateur des forêts.
231. Pierre **D'HAUSEN.**
232. Louis **HERMITTE.**
233. Léon **DEMIMUID.**
234. **FAVIER**, aîné.
235. **PAILLARD**, Procureur-Général, à la cour royale de Nancy.
236. Vincent **MOITRIER.**
237. Georges **CHEVANDIER** 2e action.
238. De **DUMAST** père, 1re action.
239. De **DUMAST** père, 2e action.
240. **DESHAYES.**
241. **SALADIN**, Conseiller à la cour royale de Nancy.
242. **BEAUPRÉ**, Juge au tribunal de 1re instance.
243. De **MIRBECK**, peintre à St-Diez.
244. De **SAINT-BEAUSSANT**, 4e action.
245. De **SAINT-BEAUSSANT**, 5e action.
246. Le Comte de **RUTANT.**
247. **LAFROGNE** fils, Notaire à Blâmont.
248. Mme Constance **BATHELOT**, à Blâmont.
249. **COLLESSON**, ancien Notaire à Blâmont.
250. **JANDIN**, Négociant.

MM.

251. **GUSSE**, ancien Notaire à Nomeny.
252. **Magnier de DAMMARIE.**
253. Victor **VALDENAIRE.**
254. **SIMON-GOUDCHAUX**, Banquier.
255. **COLLIGNON**, Ingénieur en chef des ponts et chaussées.
256. **MENNESSIER**, Peintre à Metz.
257. **LIPPMANN** fils.
258. **BLAISE**, Marchand de bois.
259. **BRIAUDE-LAMARCHE.**
260. **LELIÈVRE**, ancien Greffier.
261. Joseph **LARCHER**, Docteur en médecine.
262. **VILMETTE**, Agent-Voyer à Sarrebourg.
263. **THIEBERT**, Architecte de la ville de Nancy.
264. **DEPÉRONNE**, Conservateur des hypothèques à Lunéville.
265. **BOISSELLE**, Vérificateur des poids et mesures.
266. **GÉRARDIN**, ancien marchand de bois.
267. **GRILLOT**, Architecte.
268. Me Camille **MALAPERT**, à Schirmeck.
269. Thouvenin **MILLOT**, Négociant.
270. **OTTENHEIMER.**
271. Les 30 actions de 270 à 300, sont au nom du Roi.
301. Mme **CHARDIN.**
302. **POIROT**, Notaire.
303. **DROUET**, Notaire.
304. Thiriet **GLOXIN.**
305. Eugène **GUIBAL**, Avoué.
306. **BUTTE** jeune.
307. **JOLY**, Ingénieur des ponts et chaussées à Epinal.
308. **GRANDJEAN**, à Reméréville.

MM.

309. Paul COLLENOT, Inspecteur des postes.
310. Mme la Comtesse D'HOFFELIZE, 1re action.
311. Mme la Comtesse D'HOFFELIZE, 2e action.
312. THIÉRY, ancien Notaire.
313. MAGOT, Propriétaire à Pont-à-Mousson.
314. LIOUVILLE, Conseiller à la cour royale.
315. L'abbé LANGE, Curé de la paroisse St.-Nicolas.
316. MARX-PICARD, Négociant.
317. Mme MOREAU.
318. MILGREDER, Peintre.
319. REGNAULT, Professeur à l'école forestière.
320. Henry JOLY, Propriétaire.
321. COBUS, Peintre à Lunéville.
322. HARFORT, Vitrier.
323. XARDEL, Ancien avoué à la cour.
324. Mme Veuve LAMOUREUX.
325. GUÉRIN-KELLER, Propriétaire à Lunéville.
326. Alexandre PERROT, Négociant.
327. De PRAILLY, Vice-Président du tribunal de 1re instance.
328. Louis MENGIN, Avocat.
329. Monseigneur l'Évêque de JOPPÉ, Coadjuteur de Nancy.
330. MALLARMÉ, Receveur particulier des finances à Lunéville.
331. De SCITIVAUX de GREISCHE.
332. PÉRAUX-FERVEL.
333. LALLEMAND, Conseiller à la cour royale.
334. HUSSON, Banquier à Toul.
335. GÉNIN, Payeur du département de Saône-et-Loire.
336. Le Baron BUQUET.

MM.

537. De MEIXMORON.
538. Mlle Louise STRUBBERG à Ribeauvillers.
539. GEORGES, Peintre.
540. BASTIEN, Notaire.
541. VAUTRIN.

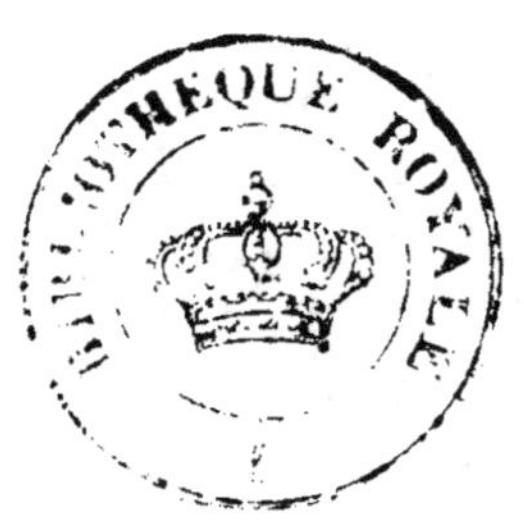

IMPRIMERIE DE HINZELIN ET Ce,
Place du Marché, 67.

www.ingramcontent.com/pod-product-compliance
Lightning Source LLC
LaVergne TN
LVHW050235180726
843501LV00014BA/4314

* 9 7 8 2 3 2 9 6 2 3 2 9 0 *